AF227323

M. L'ABBÉ AUDIERNE

48 HEURES ÉVÊQUE DE PÉRIGUEUX ET DE SARLAT

Auteur du Périgord illustré, Chevalier de l'Éperon-d'Or, de la Légion-d'Honneur,
Inspecteur des Monuments historiques de la Dordogne, Membre de plusieurs Sociétés savantes

PAR

Emmanuel GARRAUD.

PRIX : 50 centimes.

SE VEND

A PARIS, chez M. J.-B. DUMOULIN

Libraire de la Société impériale de l'École des Chartes
et de celle des Antiquaires de France

13, QUAI DES AUGUSTINS, 13.

1869.

Périgueux, imprimerie CHARLES RASTOUIL, rue Taillefer, 14.

A MM. LES MEMBRES

DE LA SOCIÉTÉ ARCHÉOLOGIQUE DE FRANCE.

———

« L'éloge de l'homme n'est pas dans son avenir, il est dans
« son passé; il n'est pas dans ses paroles, il est dans ses actes.
« Les paroles déguisent la pensée; les actes la dévoilent. C'est
« aux fruits qu'on connaît la nature de l'arbre. » (*Extrait de
la profession de foi de l'abbé Audierne à la députation sous la
République de 1848.)*

M'appuyant sur cette pensée, qui fait le fond de la profession
de foi de l'abbé Audierne, objet de cet opuscule, je vais parler
des fruits de l'arbre seulement, sans m'occuper de leur saveur.

Le public saura juger. Dans cette brochure, il serait inutile
de chercher des fleurs de rhétorique. Comme je l'ai dit dans
mes autres ouvrages, je ne suis pas au courant des subtilités
de notre langue. M'étant toujours attaché aux faits, j'ai négligé
la façon de les exprimer, mais j'ai voulu toujours et quand
même dire la vérité.

L'abbé Audierne est un homme qui appartient à l'histoire.
Ayant été plus à même de le connaître que tout autre, j'ai

voulu peindre sa vie à ses contemporains; il serait fâcheux que plus tard nos enfants ne connussent qu'imparfaitement un des hommes qui auront écrit l'histoire de notre pays. — Un autre plus habile que moi aurait pu diviser cette biographie en trois parties et montrer l'homme du monde, le savant et le prêtre. — Dans la première partie, il aurait dépeint l'abbé avec son port noble et fier, la parole agréable, papillonnant au milieu d'un bataillon de femmes charmantes; dans la deuxième, il l'aurait fait voir fouillant les parchemins, parcourant les ruines le crayon à la main; dans la troisième, il l'aurait montré chanoine, vicaire, évêque, etc. Pour moi, je me suis contenté d'enregistrer les faits avec impartialité et sans commentaires.

Saint-Léon-sur-l'Isle, châlet de Villecourt, le 22 juillet 1869.

Emmanuel GARRAUD.

L'ABBÉ AUDIERNE

NOTICE BIOGRAPHIQUE.

L'abbé Audierne (Georges) naquit à Sarlat, dans le département de la Dordogne, le 4 janvier 1798. C'est dans le collége de sa ville natale qu'il fit ses études, et sa théologie au grand séminaire.

A l'âge de 22 ans, il fut ordonné prêtre par l'évêque d'Angoulême, avec dispenses du pape, et fut nommé professeur au collége de la même ville. C'est dans l'exercice de ces fonctions qu'il fut choisi par son ordonnateur afin de remplir une mission assez délicate. Il fut chargé de ramener la paix dans la ville de Barbezieux, un instant troublée par des paroles injurieuses qu'un vicaire de la localité avait adressées à des jeunes gens. Plus tard, lorsqu'il quitta le professorat, il emporta l'estime de ses élèves et des habitants, qui avaient pour lui la plus grande affection. Il avait été appelé à Périgueux par Mgr de Lostanges (1), qui venait d'être nommé évêque de cette ville, et devint son secrétaire intime et son aumônier, secrétaire général de l'évêché, chanoine honoraire, titulaire, grand écolâtre, vicaire-général, etc. Aussi tout le temps qu'il resta près de ce vénérable prélat, il eut à supporter tout le poids du siége épiscopal, car Mgr de

---

(1) La maison de Lostanges, établie en Périgord en 1448, tire son nom primitif (de La Brande), d'une ancienne chevalerie, qui de temps immémorial possédait le château de Montagrier. — Ce fut en 1335 que Bertrand de La Brande, 2e de nom, épousa demoiselle Marthe, Aimar ou Aymar de Lostanges. La famille réclama du cabinet du Saint-Esprit des lettres de créance sous le nom de de Lostanges; ce cabinet les offrit sous le nom de La Brande, qui lui appartenait, et le refusa au nom de de Lostanges qu'elle prenait à tort. Elle refusa de monter dans les carrosses du roi, plus tôt que de reprendre son vrai nom, car celui de Lostanges se rattache aux Adhémar, vicomtes de Limoges. (Voir Viton de Saint-Alais.)

Lostanges était déjà dans un âge très-avancé. Il avait désigné d'avance l'abbé comme son successeur. A la mort de l'évêque, l'abbé était allé à Paris, où il avait été reçu par le roi Louis-Philippe. A son retour, il lui écrivit plusieurs fois. Il fut en effet nommé au siége de Périgueux, mais les nombreux ennemis qu'il s'était suscités par son orgueil, sa façon de penser et tous ses actes en général, mirent tout en œuvre pour lui nuire, écrivirent au ministre des cultes et même au roi, qui ne déchira l'ordonnance de sa nomination, dit-on, qu'avec regret ; mais il y fut forcé par les circonstances.

Mgr Thomas Gousset fut nommé à sa place en 1835. Le nouvel évêque, en prenant possession de son diocèse, voulut l'organiser sur de nouvelles bases, et l'abbé, qui était tout avant, ne fut plus rien après, car il fut dépouillé de ses titres, et ne conserva que celui de simple chanoine de la cathédrale de Saint-Front. Nous n'avons pas à apprécier ici la nouvelle organisation de l'évêque, mais on prétend qu'il n'avait pas tous les torts.

Il est nécessaire de dire que sous l'épiscopat de Mgr de Lostanges (en 1824), M. l'abbé Audierne fut chargé, comme chanoine écolâtre, de toutes les écoles primaires de la Dordogne, et qu'il fit beaucoup pour l'instruction publique. Périgueux lui doit l'établissement de son école normale ; il éprouva pour sa création une vive résistance de la part du clergé. Il a, pendant près de vingt ans, administré la prison du chef-lieu du département. Après avoir joué un certain rôle et occupé des places dignitaires, il ne pouvait être naturellement en bons termes auprès de Mgr Gousset ; aussi s'allia-t-il avec M. Auguste Dupont, imprimeur, directeur-rédacteur en chef de l'*Écho de Vésone,* et pendant quinze ans il écrivit dans ce journal, où de temps en temps il dirigeait des attaques contre la nouvelle administration épiscopale, que cette feuille flagellait. M. Dupont avait lui aussi une certaine rancune, car on lui avait retiré l'impression du catéchisme du diocèse, sous le prétexte réel, il est vrai, que son père avait imprimé des feuilles révolutionnaires, et le clergé ne le désignait que sous le nom de *Marat du Périgord*, parce qu'il avait fait partie des comités de la Révolution : on lui en donnait pour preuves écrites le titre qu'il réclamait lui-même dans ses imprimés, sur lesquels on peut voir : *De l'imprimerie du républicain Dupont au club des amis de l'Égalité.*

En 1832, deux croix de chevalier avaient été offertes à Mgr de Lostanges pour lui et son vicaire ; l'évêque ne voulut pas accepter cet honneur, et l'abbé, par contre-coup, ne pouvait faire que comme son supérieur ; mais ce ne fut pas, dit-on, sans regret.

Sous Charles X, l'abbé soutenait les principes du gouvernement. A la révolution de 1830, il accepta la nouvelle Charte, ou du moins le feignit-il. Pour nous, nous sommes portés à croire qu'il n'a jamais eu d'opinions politiques très-prononcées.

Vers cette époque, dans les salons qu'il fréquentait, il avait lié connaissance avec une foule de jolies femmes du monde. Il renouvelait les scènes des abbés au petit collet et entretenait une correspondance légère avec elles.

Il nous a montré lui-même des lettres et des chansons italiennes que la comtesse Isabelle de Taillefer lui avait dédiées.

Voyant qu'il ne pourrait jamais rattraper ce qu'il avait perdu, et ne se contentant pas de ses victoires avec les femmes, il se plongea de plus en plus dans les travaux scientifiques. Il avait été l'ami de M. de Taillefer, mais celui-ci étant mort, il se lia avec M. de Mourcin, antiquaire.

Il était conservateur du musée départemental, qui avait été fondé par MM. de Taillefer et de Mourcin. C'est lui qui obtint de M. Romieux, préfet de la Dordogne, la concession du local que ce musée a occupé jusqu'aujourd'hui (il est à cette heure dans une des ailes des anciennes prisons, appartenant à M. Galy).

L'abbé Audierne se dit un des donataires et fondateurs de ce musée : nous allons dire ce qu'il en est.

M. Jouannet, qui s'est beaucoup occupé du Périgord, quoique n'en étant pas originaire, donna une partie de sa collection à ce musée. M. de Mourcin, à qui l'on fit part de cette libéralité, répondit qu'il ne serait pas si bête d'en faire autant. L'abbé Audierne, plus adroit, donna en effet quelques objets de peu de valeur et vendit une partie de ce qu'il possédait ; mais ne voulant pas paraître en cette affaire, pour conserver intacte sa réputation usurpée de générosité, il chargea M. Denis Haulpetit, instituteur à Périgueux et chantre de la cathédrale, de traiter le marché. Aussi trouve-t-on dans le catalogue du musée le nom du vendeur et non celui de l'abbé, qui se plaint de n'y pas figurer comme donataire. Aurait-il mieux aimé y figurer comme vendeur ? et le musée pouvait-il avoir une grande reconnaissance pour une personne qui n'avait donné que ce qu'elle n'avait pu vendre ?

Quant aux vitraux dont il prétend avoir fait cadeau, il les avait trouvés dans l'église Saint-Front, et ne pouvait se permettre de les garder. Il est facile de faire de la générosité à ce prix.

En 1847, l'abbé Audierne fit un voyage en Italie, d'où il a rapporté beaucoup de documents (1).

Nous avons dit que l'abbé écrivait beaucoup : il avait fait des notes pour la reproduction de l'*Estat de l'Eglise du Périgord*, par le père Dupuy, récollet, imprimé à Périgueux en 1629, et que M. Dupont reproduisait par un procédé dont il était l'inventeur. Ces notes furent imprimées en 1848, il lui en fut envoyé deux exemplaires pour corriger les épreuves ; mais la Révolution arriva, et depuis quelque temps déjà Mgr Gousset avait été appelé dans un autre diocèse, et Mgr Georges Massonnais était évêque de Périgueux. Un charivari provoqué par M. Dupont fut organisé et donné à l'évêque. L'abbé Audierne était on ne peut plus mal avec le prélat pour des raisons pour lesquelles je suis muet, et que les habitudes de l'abbé peuvent expliquer. Dans les notes dont nous avons parlé ci-dessus, l'écrivain disait que Bouchard d'Aubeterre, évêque de Périgueux, avait enlevé la supérieure du couvent de Sainte-Claire, de la même ville, l'avait conduite à Genève, où ils vécurent misérablement, après avoir eu treize enfants (2). L'abbé était heureux de voir que d'autres prêtres avant lui avaient aimé les dames.

Dupont, comme on a pu s'en convaincre, n'était pas en de très-bons termes avec l'évêque ; pourtant ils se réconcilièrent, et l'abbé Audierne fut sacrifié par Dupont. Ce dernier, de concert avec l'évêque, égara ou brûla volontairement les manuscrits des notes sur la continuation des évêques du père Dupuy, par l'abbé Audierne. Ce fait est cause, d'après ce dernier, que cet ouvrage n'a pu paraî-

---

(1) Le voyage en Italie de M. l'abbé Audierne se fit en compagnie d'une jeune dame anglaise qui le défrayait de toute espèce de dépense.

(2) On peut consulter les archives de Saint-Front, dont les originaux sont déposés à la bibliothèque impériale à Paris, et où il manque dix-sept pages ; ce qui prouverait que le fait avancé est très-vrai, et qu'on a déchiré ces pages pour qu'on ne pût trouver aucun renseignement sur cet épiscopat.

tre (1). Dupont et l'abbé ne se parlaient que très-froidement et pour leurs besoins personnels. On prétend aussi que Mme D*** une des plus jolies femmes de Périgueux, locataire de l'abbé, qui habitait lui-même un appartement dans la maison, contribua encore davantage à leur brouille. Pourtant, dans son *Périgord illustré*, il consacre une biographie très-élogieuse à M. Auguste Dupont. Nous tenons de bonne part que deux biographies ont été enlevées, l'ouvrage étant sous presse, pour ajouter celle de Dupont.

A l'avènement de la République (1848), l'abbé voulut se mêler aux affaires politiques.

Il fréquenta les clubs, où il fit sa profession de foi, car il aspirait à la députation. Il fut presque toujours mal reçu dans ces réunions ; il ne réussit pas à se faire porter sur les listes ; il obtint cependant quelques voix.

Ce fut un peu plus tard que l'évêque Georges Massonnais lui fit interdire l'entrée de l'église Saint-Front ; un sacristain fut chargé de cette mission ; cet homme devait son emploi à l'abbé ; aussi le lui dit-il de manière à lui faire comprendre qu'il s'acquittait de sa mission, mais qu'il ne ferait rien pour l'empêcher d'entrer, préférant perdre sa place. L'abbé lui sut gré de son intention et n'insista pas. Cependant il adressa une lettre à l'évêque pour lui demander le motif qui le faisait agir ainsi ; il lui fut répondu qu'il le savait bien. Cette réponse n'étant pas très-explicite, il écrivit de nouveau, en disant que cette mesure ne le touchait pas, et que, lorsqu'il voudrait rentrer dans l'église, on lui en ouvrirait les portes à deux battants. Cet incident n'eut pas d'autres suites.

Mais l'abbé, voyant que le séjour de Périgueux lui était peu favorable, et pour d'autres motifs sans doute, se retira au château de Lamonzie-Montastruc, dans la Dordogne, chez Mme veuve de Lostanges, qui le reçut à bras ouverts et avec la plus grande cordialité. Il a demeuré une douzaine d'années dans ce château, où il s'occupait surtout de choses matérielles, d'agriculture, et de la fécondité des

---

(1) C'est de l'abbé Audierne que nous tenons ces renseignements. Une de ses lettres, écrite à M. Massoubre, rédacteur de l'*Écho de Vésone*, prouverait que ces notes se sont retrouvées chez lui. — Alors l'accusation qu'il porte serait fausse ; et si cet ouvrage n'a pas paru complètement, c'est la faute à l'abbé.

animaux. Il écrivit aussi quelques notes sur les eaux. Il avait abandonné son genre de travaux habituels et venait rarement à Périgueux.

Pourtant il y vint un jour, à l'occasion de la réunion du congrès archéologique de France, que M. de Caumont La Force avait convoqué pour le 29 mai 1858, afin de se fixer pour la restauration de l'église de Saint-Front. Le congrès devait tenir ses séances à l'hôtel-de-ville, mais l'évêque fit tout pour qu'elles se tinssent à l'évêché, moyen sûr d'évincer l'abbé (1), qui se trouvait déjà à Périgueux, et que les membres de la réunion avaient invité. Un seul, M. Leymarie, qui a écrit quelques brochures périgourdines, lui confia de quelle manière l'affaire s'était passée.

Dès ce moment, l'abbé devint plus sombre et acariâtre, il s'apercevait qu'il avait perdu dans l'opinion publique ; aussi tous ceux qui l'entouraient se plaignaient de son humeur (2). Une autre affaire vint mettre le comble à ses ennuis : un ordre arriva de Périgueux, afin qu'il eût à quitter l'habit ecclésiastique, et son canonicat lui fut retiré ; il protesta contre cet acte arbitraire, disait-il, mais le tribunal de Bergerac, devant lequel l'affaire fut portée, ne lui donna pas gain de cause, il fallut se soumettre à sa décision. Dès ce moment, il ne se vêtit que d'une blouse grise.

---

(1) C'est à M. Eugène Massoubre qu'on est redevable de l'organisation du congrès, et M. de Caumont n'aurait pas dû se laisser entraîner par l'évêque et le faire tenir à l'évêché puisqu'il devait être tenu à l'hôtel-de-ville, et que d'ailleurs l'abbé Audierne avait reçu sa lettre de convocation faisant partie de la société archéologique. — Il n'ignorait point que la position de l'abbé l'empêchait de se rendre à l'évêché.

(2) Le congrès avait fait enlever une plaque de marbre qui faisait partie du revêtement de la tour de Vésone. — L'abbé l'ayant appris par M. Leymarie et par le compte-rendu du congrès, écrivit au rédacteur de l'*Écho* une lettre par laquelle il criait au vandalisme. M. Galy, conservateur du musée, répondit à cette lettre par une autre, où il expliquait les raisons de l'enlèvement de cette plaque ; il finissait par ces lignes : « *Je compare les vieux monuments à la so-* « *ciété : Comme elle, ils commandent égards et respect. Malheur à celui qui* « *l'oublie !* »   E. GALY.

(*Écho de Vésone*, juin 1858).

On voit par ces mots que la vie de l'abbé était connue et que le public avait déjà jugé sa conduite qui était si peu d'accord avec son caractère. Nous trouvons cependant que M. Galy s'écartait assez de la question archéologique en ajoutant ces lignes qui, quoique vraies, n'étaient pas à leur place. Mais l'inimitié qui était survenue entre ces deux savants est oubliée sans doute, puisque dans son dernier voyage à Périgueux l'abbé a été vu embrassant M. Galy.

Vers cette époque, un homme nommé Juille fut trouvé mort près des murs du château ; la malveillance ou les ennemis de l'abbé poussèrent la méchanceté jusqu'à dire qu'il était l'auteur de ce crime ; d'autres personnes prétendaient lui avoir vu lancer des pierres. La rumeur publique s'en émut à tel point que la gendarmerie vint au château, afin de savoir à quoi s'en tenir et tâcher d'avoir des éclaircissements. L'abbé partit immédiatement pour Bergerac, où il prouva son innocence. De la calomnie, il reste toujours quelque chose : beaucoup de gens n'étaient pas certains qu'il ne fût pas l'auteur du crime, mais comme la vérité se fait jour tôt ou tard, il arriva qu'un homme au lit de mort s'avoua coupable de cet homicide, avec autorisation de le divulguer pour ne pas laisser peser plus longtemps sur la tête d'un innocent une infamie qu'il ne méritait pas.

L'homme qui fut trouvé mort avait voulu s'amuser aux dépens de l'autre, en voulant l'effrayer pendant la nuit, mais il fut victime de sa plaisanterie, car son camarade s'armant de pierres, lui en lança une qui l'atteignit au front et occasionna la mort. Il est inutile de dire qu'avant l'éclaircissement de cette affaire l'abbé était mal vu de tout le monde,

Ainsi voilà un homicide involontaire qui aurait pesé sur la tête de l'habitant de Montastruc, si la Providence n'était venue mettre un terme à toutes ces calomnies.

Quant aux pierres lancées de la terrasse du château, voici ce qui s'était passé ; mais l'époque n'était pas la même :

Un jeune officier avait projeté d'enlever la demoiselle du château, le complot était formé entre eux. Il se rendit pendant la nuit à la grille ; mais comme l'abbé avait été prévenu, il avertit la mère de ce qui se passait, fit fermer toutes les issues, mit les clefs dans sa poche, de sorte que la jeune personne se trouva prisonnière. Il se porta avec la mère sur la terrasse, et lorsque la voiture du ravisseur fut près de la grille, il lança quelques pierres pour l'effrayer. Voilà ce qui a fait dire à quelques personnes qu'on lui avait vu lancer des pierres. Dans tous les cas, ce ne peut être que par les complices du rapt.

Le château de Lamonzie-Montastruc est situé dans une belle position. A le voir extérieurement, on jouit d'un beau coup-d'œil, et l'on est porté à croire que l'intérieur y répond. Mais, à part le salon, tout était délabré et dans un état pitoyable. Le cabinet de travail de l'abbé n'était qu'un fouillis où les livres et les débris d'antiquités gisaient çà et là couverts de poussière. L'abbé avait entrepris de le faire restaurer ; quelques travaux avaient déjà été commencés, lorsqu'un événement imprévu vint y mettre un terme ainsi qu'au séjour de l'abbé. Le fils aîné de Mme de Lostanges, accompagné de son beau-frère M. de Vassal, vinrent au mois de décembre 1861, afin de mettre l'abbé hors du château qu'il habitait depuis une douzaine d'années avec la marquise. A cet effet ils étaient venus en voiture, pénétrèrent dans le château, et, après quelques violentes paroles de part et d'autre, ils entraînèrent l'abbé vers ce véhicule et le firent entrer bon gré, mal gré, en le maintenant. Le postillon avait ordre de ne pas s'arrêter quoiqu'il arrivât ; mais en entrant dans le bourg de Lamonzie, M. Audierne brisa un carreau. Plusieurs habitants de l'endroit, attirés par le bruit, s'approchèrent, et l'abbé Bouyssou, curé de la paroisse, s'y trouva un des premiers. En termes très-pacifiques, il voulut s'opposer à cet acte de violence. Les villageois étant de son côté, il fallut céder à la force ce qu'on n'avait pas voulu accorder à la raison.

L'abbé se réfugia chez le curé, couvert de meurtrissures qu'il s'était faites en se débattant. M. Bouyssou lui donna tous les soins que réclamait son état. Il partit le lendemain pour Bergerac où il se rétablit. De là, il vint à Périgueux dans sa maison de la rue St-Roch, n° 2, où il ne fréquentait que MM. Eugène Massoubre, Leymarie et Charrière.

Un procès eut lieu à Bergerac, et les agresseurs de l'abbé Audierne furent condamnés à une peine très-minime. Le voilà donc fixé de nouveau à Périgueux après une longue absence ; pendant le séjour qu'il y fit, mourut M. Labat, ancien curé de Sarlat, qui lui avait succédé à son canonicat.

En 1860, décéda Mgr Georges Massonnais (1). Mgr Baudry lui

---

(1) A l'époque de la mort de Mgr Georges Massonnais, évêque de Périgueux, M. l'abbé Audierne écrivit une lettre à M. Eugène Massoubre, rédacteur de l'*Écho de Vésone,* qui eut le bon esprit de ne pas la publier. Jamais lettre n'a frappé aussi sévèrement Mgr l'évêque que celle-ci. Nous allons tâcher, autant qu'il nous sera possible, d'en donner le contenu.

Nous aurions voulu pouvoir la donner textuellement, mais l'abbé Audierne n'a pas voulu nous la confier ; il nous l'a montrée plusieurs fois ; on en trouvera l'original aux archives de M. Eugène Massoubre, à Périgueux ; elle est datée de Montastruc, et elle est ainsi conçue ou à peu près :

« Monsieur le rédacteur,

« Je ne comprends pas comment vous avez pu signer un article si flatteur pour cet homme que vous connaissez pourtant si bien. J'en appelle à la justice de Dieu, qui a jugé les morts, qui a vengé les vivants, il était temps qu'il fût jugé aussi cet infâme, cet orgueilleux, ce vaniteux, ce scandaleux, ce menteur, cet homme si peu charitable..... Paix aux morts, paix aussi à l'homme mort la bouche pleine d'ordure... Il est étouffé, ce colosse, et je pense que les innocents seront vengés. »

Ces paroles n'ont été dictées que par une rage insensée qui aurait dû s'arrêter

avait succédé. L'abbé Audierne écrivit au nouvel évêque pour lui réclamer son canonicat, laissé vacant par la mort de M. Labat. Une réponse s'en suivit et conduisit à une visite chez le prélat, à laquelle succédèrent plusieurs autres, car le caractère de l'évêque était tout pacifique; mais, malgré le désir qu'il avait de réintégrer l'abbé dans ses droits, il ne put y parvenir. La place vacante fut occupée quelque temps après. Ce fut alors que M. Audierne partit pour Paris, où il descendit en arrivant chez les pères Jésuites allemands de la rue Lafayette. Ces religieux lui promirent de s'occuper de lui et pensaient qu'avec le temps il rentrerait dans son canonicat tant désiré. Il reprit l'habit ecclésiastique qu'il n'a pas quitté depuis. Sa vie a, dès ce moment, été toute studieuse, tous les jours fouillant les manuscrits Leydet et Lespine, à la bibliothèque impériale et à l'école des Chartres, où il a puisé de nombreux documents que nous connaîtrons sans doute un jour. Les pères lui offrirent la direction d'un couvent de religieuses qu'il refusa.

Sur ces entrefaites la mort vient surprendre Mgr Baudry. L'abbé patienta jusqu'à la nomination de son successeur Mgr Dabert.

Il voyait à Paris beaucoup de Périgourdins. Il fit une visite au poète fabuliste Pierre Lachambeaudie, de Montignac, qu'il avait connu autrefois, et qui habitait Villemomble, près Bondy; il voyait également M. de Tounens, roi d'Araucanie et de Patagonie, et le critiquait assez ouvertement.

L'évêque Dabert vint prendre possession de son siége épiscopal; alors les jésuites, chez lesquels il demeurait, proposèrent à l'abbé un arrangement qui sans doute ne lui convint pas, car il se mit dans une colère affreuse et quitta brusquement leur maison. Il demeura quelque temps chez un médecin de ses amis qu'il quitta également, attendu que ce dernier voulait lui emprunter de l'argent, et voulait aussi que l'abbé

---

devant un lit de mort. On doit être indulgent pour qui n'est plus, et du reste, M. l'abbé aurait dû se souvenir des paroles de l'Evangile pour la femme adultère, quand il accuse l'évêque de ne point avoir de charité. Il est possible que Mgr Georges Massonnais n'ait pas secouru son neveu, comme le dit l'abbé à qui veut l'entendre; mais il est sûr que l'abbé Audierne n'a rien fait pour son malheureux frère mort dans la misère en vendant des journaux à Paris. — Il sait aussi que ses propres neveux sont obligés, pour vivre, d'être concierges de ses maisons.

demeurât toujours avec lui. De là, il fut chez le docteur Vincenot son neveu, rue des Noyers, où il régla ses affaires et, le 20 mai 1864, revint à Périgueux furieux contre le clergé, qui ne lui avait pas été favorable.

M. l'abbé du Pavillon, son ami, vint le voir et l'engagea à retourner à Paris. L'abbé, voyant que les habitants de Périgueux étaient froids pour lui, regagna la capitale après avoir fait don d'une grande quantité de livres au séminaire de Périgueux. Il emporta avec lui beaucoup d'objets faisant partie de sa collection, fit emballer les autres et les fit partir plus tard pour Paris où il les a vendus.

Maintenant il y a deux ans qu'il s'occupe d'achats de maisons. Il est devenu propriétaire de trois immeubles dans la capitale.

Avant de détailler ses ouvrages, nous allons dire un mot sur sa dernière publication : *De l'origine et de l'enfance des arts en Périgord avant la découverte des métaux*. Cet ouvrage fut donné en manuscrit chez Dupont et Cie, imprimeurs à Périguenx, vers le mois de février 1863. Les lithographies, exécutées à Paris par notre ami Pierre Reymond, furent livrées par lui à la fin du mois de mars de la même année. Elles furent imprimées chez M. Paul Dupont, à Paris, mais je ne sais trop pour quel motif on a mis le nom de l'imprimerie de Périgueux. Il est probable que c'est parce qu'elles ont été mal tirées.

MM. Lartet et Christy, qui ont écrit sur le même sujet, ne sont venus en Périgord qu'en septembre 1863, ce qui laisserait supposer que ces savants ne seraient venus dans la Dordogne que sur les données de l'ouvrage de l'abbé. Mais avant lui, M. Jouannet, dans une brochure sur Lamonzie-Saint-Martin, imprimée en 1810, et M. Wlgrin de Taillefer, dans les antiquités de Vésone, imprimées en 1821, en avaient parlé, mais sans traiter spécialement ce sujet.

Plusieurs journaux de Paris ayant fait des appréciations sur le travail de MM. Lartet et Christy sans parler de l'abbé, et son nom n'ayant même pas été prononcé dans la séance de l'académie des sciences du 29 février 1864, il adressa plusieurs lettres qui furent publiées dans l'*Opinion nationale* (1865), afin de revendiquer la propriété de la découverte des grottes. Il a écrit aussi une brochure sur le miracle de Migné en Poitou, mais sans nom d'auteur, travail absurde autant par le fond que par la forme, et qui pourtant valut à son auteur la décoration de l'ordre de l'Eperon-d'Or, donné par le pape Léon XII. Le ban et l'arrière-ban de la sénéchaussée du Périgord (ouvrage très-incomplet), lui a été fourni par M. de Monteil, qui lui-même l'avait pris sur un imprimé, avec ceux du Bordelais et de la province d'Agen.

Voici maintenant la liste de ses ouvrages :

1. Brochure sur le Miracle de Migné ;

2. Notice sur toutes les églises monumentales de la Dordogne ;

3. Notice sur le druidisme, ou la religion qui a précédé la religion chrétienne dans le Périgord ;

4. Vie de saint Front, premier apôtre du Périgord et fondateur de l'église de Périgueux ;

5. Histoire de Sarlat et de ses évêques ;

6. Histoire des évêques de Périgueux, depuis saint Front, fondateur, jusqu'à M. de Lostanges ;

7. Notice sur l'industrie et les établissements industriels de l'arrondissement de Périgueux et surtout ceux de la ville ;

8. Plusieurs discours sur l'agriculture ;

9. Notice sur le château de Biron ;

10. Relation d'un voyage de Périgueux à Bergerac ;

11. Plusieurs articles fournis à la *Guyenne historique et monumentale*, imprimée à Bordeaux ;

12. Notes sur l'Estat de l'Eglise du Périgord, par le P. Dupuy, récollet ;

13. Notice sur l'église cathédrale de Saint-Front ;

14. Notice sur l'abbaye de Brantôme, son église et ses cloîtres ;

15. Notice sur l'église, le prieuré et la ville de Saint-Cyprien ;

16. Notice sur la ville de Saint-Astier ;

17. Notice sur Cadouin, son église et ses cloîtres ;

18. Notice sur l'église de Merlande ;

19. Le Périgord illustré ;

20. Du ban et de l'arrière-ban de la sénéchaussée du Périgord en 1557 ;

21. Les Thermes de Vésone ;

22. Epigraphie de l'antique Vésone ;

23. Origine de l'enfance des arts en Périgord, avec 6 planches dessinées et lithographiées par Pierre Reymond ;

24. Oraison funèbre de Mgr de Lostanges, évêque de Périgueux ;

25. Mes délices, ou impressions de voyage en Italie en 1847.

Beaucoup d'articles publiés dans la *Mosaïque du Midi*, articles quelquefois extraits de ses œuvres, et plusieurs autres dans des revues archéologiques.

Maintenant, voici la récompense de ses travaux :

1835, il fut nommé membre de la Société pour la conservation des monuments nationaux ;

1835, conservateur et inspecteur des monuments de la Dordogne ;

1836, membre de la Société d'agriculture, sciences et arts de la Dordogne ;

1835, membre des antiquaires de Normandie et de la Société archéologique de Saintes ;

1840, membre de l'Institut de France dans la classe des beaux-arts ;

1841, membre de la Société internationale des naufrages ;

1842, membre de l'Institut d'Afrique ;

1844, membre de la Société archéologique et historique de la Charente ;

1845, membre de l'Académie de l'enseignement ;

1845, membre de la Société des arts et sciences de Carcassonne ;

1858, membre de la Société des sciences industrielles, arts et belles-lettres de Paris ;

1846, 6 mai, chevalier de la Légion–d'Honneur.

Quand l'abbé vient à Périgueux, il trouve encore des connaissances qui voient en lui un savant et un ami des arts. Il voit entre autres MM. Charrière et Eugène Massoubre.

Dans le mois d'octobre 1868, il est venu en Périgord, où il a fait de nouvelles recherches. Probablement nous en verrons le résultat dans les œuvres qu'il publiera plus tard.

Après plusieurs voyages faits à ***, chez Mme veuve V***, canton de Vergt, il s'est rendu à Paris en compagnie de cette dame. — Ils y sont encore.

Emmanuel GARRAUD.

Saint-Léon-sur-l'Isle, chalet de Villecourt, le 22 juillet 1869.

www.ingramcontent.com/pod-product-compliance
Lightning Source LLC
Chambersburg PA
CBHW051211050726
47594CB00007B/3166